GALERIE

HISTORIQUE ET CRITIQUE

DU

DIX-NEUVIÈME SIÈCLE

PARIS

IMPRIMERIE DE L. TINTERLIN ET Ce

RUE NEUVE-DES-BONS-ENFANTS, 3.

GALERIE
HISTORIQUE ET CRITIQUE
DU
DIX-NEUVIÈME SIÈCLE

L. VÉRON

(Extrait du 4ᵉ volume.)

PARIS

AU BUREAU DE LA GALERIE HISTORIQUE

186, RUE DU TEMPLE.

1863

VÉRON

(LOUIS),

DOCTEUR EN MÉDECINE ;
ANCIEN DIRECTEUR DE L'ACADÉMIE IMPÉRIALE DE MUSIQUE ;
ANCIEN DIRECTEUR DU JOURNAL *le Constitutionnel :*
DÉPUTÉ DE LA SEINE ;
OFFICIER DE LA LÉGION D'HONNEUR.

ILS d'un riche marchand de papiers, Louis VÉRON est né à Paris, le 5 avril 1798. Il fut envoyé comme externe au lycée impérial Louis-le-Grand, et, ses études terminées, une vocation irrésistible l'entraîna vers la médecine. Ses parents ne s'y opposèrent point, et peut-être devons-nous à cette adhésion à l'exercice de la carrière qu'a suivie M. Véron, le meilleur écrit qui existe encore maintenant sur une maladie des enfants : le Muguet, savant traité dont le succès n'a pourtant pas empêché son auteur de laisser là, un beau jour, l'étude de la science à laquelle il avait sacrifié les plus belles années de sa jeunesse. Nous n'avons pas à examiner ici les motifs qui lui firent prendre cette détermination. Nous ferons seulement remarquer qu'en 1821, il fut nommé, au concours, premier interne des hôpitaux, et, en 1823, docteur de la Faculté de médecine de Paris, au bout de peu d'années d'études. Assurément, plus d'une célébrité médicale de notre époque n'a pas mieux commencé. Enfin, toujours est-il que si l'on peut regretter que M. Véron n'ait pas continué ses premiers travaux qui, dès leur début, avaient fixé l'attention des juges les plus compétents, du moins, comme compensation, c'est à ce trop court exercice de la médecine que nous devons quelques curieuses études sur des médecins célèbres de ce temps, impérissables portraits faits au vif, dont M. Véron a enrichi ses *Mémoires d'un Bourgeois de Paris*, livre qui a eu tant de succès.

Pour avoir divorcé avec la pratique de la médecine, M. Véron, cependant, ne rompit pas complétement avec cette dernière. En même temps qu'il écrivait dans quelques journaux, il faisait assez régulièrement un cours de physiologie à la Société des bonnes lettres. Ses travaux littéraires le conduisirent, après un voyage de plusieurs mois en Italie, au retour duquel il avait vu sa chaire supprimée et sa place occupée à la *Quotidienne*, à fonder, en 1829, la *Revue de Paris*, avec ce qui lui restait de la succession paternelle. Un vif et bien compréhensible sentiment d'indépendance lui était venu, alors qu'avant de songer à cette publication, qui a exercé une si grande influence sur la littérature de notre époque, il rédigeait au *Messager* un feuilleton de théâtres. Aussi, cette position subordonnée lui inspirait les paroles suivantes : « Il faut prendre le plus tôt possible ses mesures pour être quelque part et avec quelqu'un ; c'est un des moyens de devenir quelque chose. » De là, la *Revue de Paris*.

On connaît l'importance qu'acquit, dès son apparition, ce journal, où se révélèrent tant de critiques judicieux et d'écrivains d'avenir. On peut dire qu'à ce moment, M. Véron se montra le véritable Mécène des lettres, et il devait le prouver plus tard d'une façon bien autrement positive et généreuse, lorsqu'en 1853 il fonda un prix de 10,000 francs pour le meilleur ouvrage de littérature.

Enfin, cette heureuse initiative d'un recueil périodique qui unit la variété, l'agrément au sérieux, assura la réputation de M. Véron. A partir de cet instant, il eut des ennemis ; mais il est juste de dire qu'il sut remplir toutes les promesses contenues dans une préface qu'il avait rédigée et signée dans le premier numéro de la *Revue de Paris,* qui compta bientôt parmi ses rédacteurs, MM. de Sainte-Beuve, de Sacy, Saint-Marc Girardin, Alfred de Vigny. Victor Hugo, Frédéric Soulié, etc., etc.

Aussi, devenu par sa position un des hommes les plus influents de cette littérature contemporaine à laquelle il venait de donner une si vive impulsion,

M. Véron n'excita-t-il aucun étonnement lorsqu'on le vit prendre d'une main ferme le gouvernail de l'Opéra, dont le privilége lui fut accordé au mois de février 1831. Nous croyons inutile de rappeler ici toutes les réformes et les améliorations sans nombre que M. Véron introduisit sur notre première scène lyrique, elles sont connues et depuis long-temps appréciées. Aujourd'hui, ce théâtre se ressent encore de cette intelligente direction, pendant laquelle Rossini et Meyerbeer obtinrent leurs plus beaux triomphes. A l'initiative de M. Véron, le public a dû la manifestation des talents de premier ordre, qu'il est venu si souvent applaudir. Quatre ans après, à la fin de l'année 1835, l'Académie impériale de Musique perdit un des plus habiles directeurs qu'elle ait eus, sans contredit. M. Véron, qui avait gagné une assez belle fortune, était jalousé par beaucoup de gens : l'Opéra prospérait, et l'autorité que cette situation donnait à son intelligent administrateur, blessait la Commission de surveillance, qui lui avait déjà causé quelques tracasseries. La position n'était plus tenable, et M. Véron prit sa retraite, deux ans avant l'expiration de son bail.

Cet heureux administrateur, qui se retirait comme Charles-Quint, au milieu de toute sa gloire, ne voulut point cependant cloîtrer son activité dans les loisirs d'une existence opulente. « Un moment fatigué de mon repos, écrit-il dans ses *Mémoires*, je songeai que la vie est trop courte pour n'en rien faire. » Et aussitôt M. Véron prend la poste pour aller au fond de la Bretagne acheter un vieux château délabré qui lui donnera le droit de se faire élire député. Candidat de l'opposition dans le collége électoral de Brest, extra-muros, il obtient une honorable minorité de 65 voix ; son concurrent est M. Emmanuel de Las-Cases, candidat du gouvernement, élu à 104 voix. C'est à partir de ce moment que commence la vie politique de M. Véron qui, peu de temps après, prit la direction du journal *le Constitutionnel*.

Cette feuille voyait chaque jour son influence décroître. Au point de vue administratif, M. Véron releva encore cette entreprise, et, sous le rapport politique, lui imprima une nouvelle impulsion. *Le Constitutionnel*, grâce à lui, recorquit bientôt le premier rang dans la presse de cette époque, et ce journal garda sa position pendant tout le règne de Louis-Philippe. M. Véron, qui avait soutenu fidèlement M. Thiers, lorsque ce dernier fit partie du cabinet du 1ᵉʳ mars 1840, eut un moment la pensée d'échanger sa position indépendante contre une sous-préfecture, qu'il ne voulait cependant accepter que comme un échelon sur lequel il faut poser le pied pour arriver à une préfecture, objet de sa légitime ambition. Ses espérances se brisèrent contre la superbe de M. de Rémusat qui, alors ministre de l'intérieur, signifia au futur sous-préfet qu'il fallait qu'il se contentât d'une position que, lui ministre, ne serait jamais disposé à améliorer.

Au sujet de ses velléités d'ambition, M. Véron, dans ses *Mémoires d'un Bourgeois de Paris*, avec une charmante et spirituelle bonhomie, raconte ses diverses déconvenues. Un grand abandon, que peu de gens auraient eu et dont il faut louer l'auteur, se fait remarquer dans le récit qu'il fait de son voyage à la recherche d'une recette générale, dont le titulaire, quoique âgé de plus de quatre-vingts ans, n'est pas du tout disposé à se démettre. Il avait été d'abord question d'appeler M. Véron à la direction des Beaux-Arts, une préfecture devant être donnée en échange à M. Cavé, qui occupait cet emploi au ministère de l'intérieur ; mais cette combinaison avait encore rencontré le mauvais vouloir de M. de Rémusat. En cette circonstance, M. Véron faillit recueillir un duel, et, somme toute, l'odyssée de ses désappointements terminée, il se félicita avec raison d'être resté, comme devant, directeur du *Constitutionnel*.

Arriva la révolution de février. On sait avec quel bon sens et avec quelle haute raison M. Véron dirigea la polémique de ce journal, qui a si courageusement, et avec tant de persévérance, préparé l'avénement à l'Empire du neveu de Napoléon Ier. Dans cette série d'articles intitulés la *France Nouvelle*, M. Véron ne démentit pas sa réputation, et il

faut lui rendre encore cette justice, qu'il se montra
publiciste éminent.

En récompense de ses travaux littéraires et poli-
tiques, il a été nommé officier de la Légion d'honneur, par S. M. l'Empereur, qui a donné plus tard à
M. Véron un témoignage bien autrement flatteur de
la satisfaction qu'elle éprouvait de ses services, dans
la lettre dont elle a bien voulu l'honorer, à l'occa-
sion des six premiers volumes des *Mémoires d'un
Bourgeois de Paris*, que M. Véron avait cru de-
voir adresser au chef de l'État.

Voici cette lettre :

« Palais des Tuileries, 8 mars 1855.

« Mon cher monsieur Véron, j'ai reçu avec plaisir vos
Mémoires d'un Bourgeois de Paris, et je lirai les deux der-
niers volumes, surtout, avec d'autant plus d'intérêt qu'ils
résument les souvenirs fidèles d'un homme qui a vu beaucoup, qui a jugé sainement, et qui a raconté sans passion.

« Il me sera bien agréable, n'en doutez pas, de retrouver,
dans l'écrivain réunissant d'utiles matériaux pour l'histoire
de notre époque, celui même dont la sympathie désintéres-
sée m'a donné, aux jours difficiles, l'important appui de l'un
des premiers organes de la presse. Recevez mes remercie-
ments sincères, et croyez à mes sentiments.

« NAPOLÉON,

« *M. L. Véron, député.* »

Que dire de plus de M. Véron et de ses Mémoires,

qui vaille cette appréciation. Ah ! monsieur Véron que vous devez être fier de cette lettre, et que vous avez eu raison de la placer en tête de votre intéressant ouvrage.

A l'avénement à l'Empire, le directeur du *Constitutionnel* se porta candidat pour la députation dans la circonscription de Sceaux, dont les électeurs l'envoyèrent au Corps législatif. C'est alors que M. Véron, désirant se renfermer exclusivement dans les devoirs de sa nouvelle position, céda sa part dans la propriété du journal qu'il dirigeait depuis de si longues années. Mais il ne rompit pas tout à fait avec ses habitudes littéraires, et ses travaux législatifs lui ont permis de faire suivre ses *Mémoires* d'un roman de mœurs intitulé : *Cinq cent mille livres de rente* (2 vol. in-8°), qui a eu aussi un énorme succès.

Dans les premiers mois de l'année 1857, M. Véron a encore publié un volume qui a pour titre : *Où en sommes-nous ?* peinture de la situation politique d'alors.

En 1857, M. Véron fut réélu député. Nul doute qu'aux prochaines élections la circonscription de Sceaux lui renouvellera son mandat.

HENRY LAUZAC.

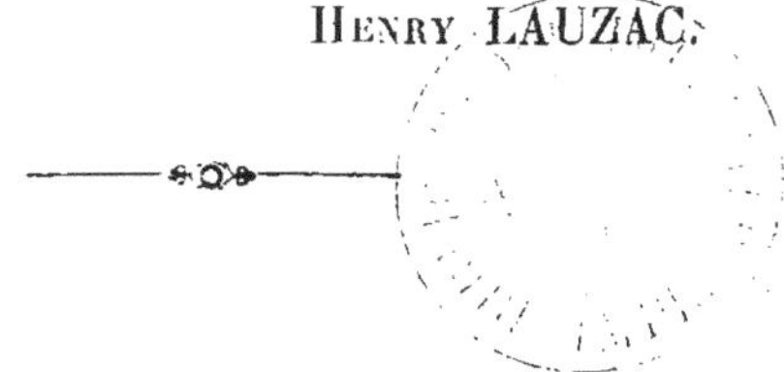

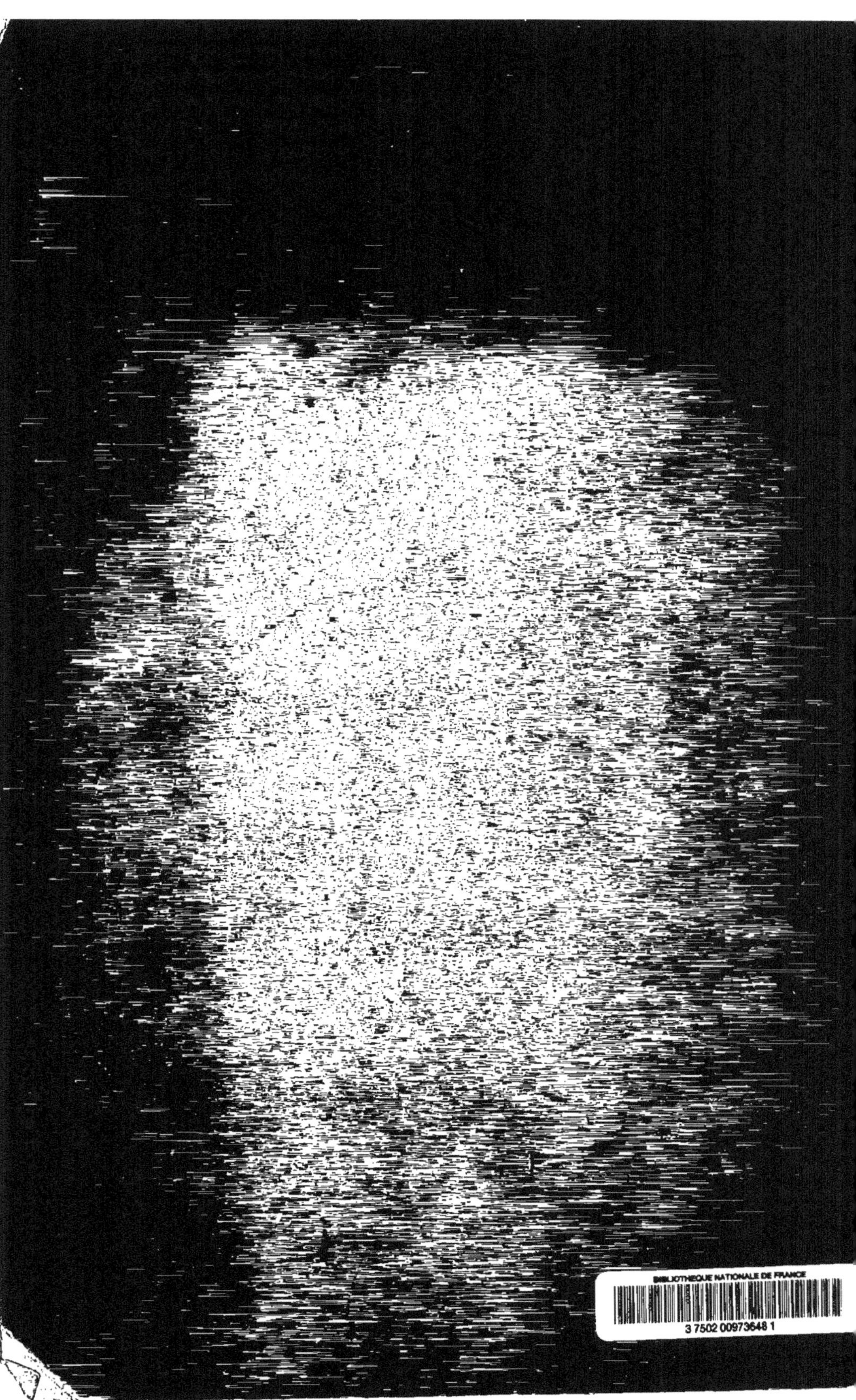